Um estudo sobre a cidade deBom Jesus PI

Benigno Núñez Novo

Em primeiro lugar a Deus por minha vida, família e amigos. Por fim, gostaria de prestar uma homenagem especial ao Senhor Nicolau Barreiros fundador da cidade de Bom Jesus PI, aos amigos conquistados ao longo do desenvolvimento deste trabalho e a todos que contribuíram para a concretização.

SUMÁRIO

Primeira Parte

A HISTÓRIA DE BOM JESUS PI

CAP. I – A HISTÓRIA, 12

CAP. II – A IMPORTÂNCIA DOS BISPOS NO DESENVOLVIMENTO DA CIDADE, 17

CAP. III – O CRESCIMENTO DE BOM JESUS PI, 42

Segunda Parte

EDUCAÇÃO, CULTURA E TURISMO

CAP. I – EDUCAÇÃO, 51

CAP. II – CULTURA, 55

CAP. III – TURISMO, 68

INTRODUÇÃO

A cidade de Bom Jesus PI localizada no sul do estado do Piauí. Situada na região do Vale do Rio Gurguéia, é uma cidade rica em águas subterrâneas, fica localizada a 640 km da capital do estado, Teresina.

Possui um território de 5.469 km², situada a uma altitude média de 277 metros acima do nível do mar, o município possui um relevo bastante irregular, em grande parte formada por chapadas de altitude e pequenos planaltos, nos quais se situam as principais áreas de cultivo do milho e da soja.

Na região, o principal recurso hídrico provém do Rio Gurguéia, importante afluente do Rio Parnaíba e principal rio da mesorregião do sudoeste piauiense.

Tem clima Tropical com características sazonais marcantes, com inverno seco e chuvas de verão, o período seco pode se estender por até seis meses. Está localizado em uma zona de transição entre o bioma Cerrado e Caatinga, o município apresenta temperaturas estáveis ao longo do ano, porém é recordista na lista de temperaturas mais elevadas em todo o Brasil, apresentando na época seca, baixa umidade relativa do ar.

A agricultura de subsistência, a pequena produção e a pecuária, ou seja, predominavam os minifúndios e a média propriedade com os projetos financiados no final da década de 1970. O vale do Rio Gurguéia com as suas vazantes e baixões era a base da produção agrícola até o descobrimento do cerrado.

A Capital do Agronegócio do cerrado piauiense, mas nem sempre foi assim. Até o início da década de 1990, o local tinha apenas um potencial agricultável. Foi essa perspectiva que atraiu uma legião de gaúchos à região. Bom Jesus está em crescimento econômico em função da expansão na área agrícola da região, porém sua população é muito flutuante, dependendo da safra agrícola.

Na década de 1990, produtores de grãos de soja do Rio Grande do Sul, Paraná, Uruguai, Paraguai dentre outros começaram a desbravar o Cerrado piauiense.

Atualmente o Município de Bom Jesus PI possui uma população estimada de 25. 387 habitantes segundo dados do IBGE. Conta com uma rodoviária e um hospital público, além de um dos maiores centros comerciais do Sul do estado. A cidade possui uma rede hoteleira de qualidade e acostumada a receber visitantes de todas as localidades do Brasil. Podemos dizer que Bom Jesus é a maior cidade universitária do Sul do Piauí e redondezas, possui duas universidades públicas, a Universidade Federal do Piauí (UFPI) e a Universidade Estadual do Piauí (UESPI), além de várias faculdades privadas.

A cidade respira o progresso. Localizada em uma área geográfica privilegiada, a economia é tocada pelo comércio e serviços, boa parte consequência dos avanços no agronegócio.

Primeira Parte

A HISTÓRIA DE BOM JESUS PI

CAPÍTULO I

A HISTÓRIA

Foto antiga da Igreja Matriz de Bom Jesus PI

As primeiras habitações em Buritizinho, hoje cidade de Bom Jesus PI, datam do século XVIII, dando ao Município a condição de um dos mais antigos centros de povoamento do Estado do Piauí. No início do século XIX

(1801), chegou e fixou residência o Senhor Nicolau Barreiros, devoto do Senhor Bom Jesus da Boa Sentença. Com sua visão profética, ergueu para honra do Santo, uma Capela de Palha às Margens do Riacho Grotão, um pouco afastado da confluência com o Rio Gurgueia por ser uma área de topografia alta, portanto isenta das Inundação do Rio Gurguéia. A este local denominou de Buritizinho, motivado pela existência de um tipo de palmeira chamada buriti próximo ao local escolhido para construção da capela (hoje local onde se encontra construída a Igreja Matriz). Em seguida iniciou a celebrar Novena em homenagem a Bom Jesus da Boa Sentença, imediatamente os festejos atingiu grande quantidade de Romeiro, com isso havendo um grande desenvolvimento comercial e consequentemente a fixação de famílias no entorno da capela. Antes de falecer, Nicolau fez doação de uma posse de terra para formação do patrimônio.

Com a rápida ascensão de destaque do aglomerado de residências ao redor da capela, já no ano de 1804 foi criado um comando militar para manutenção da ordem pública. Portanto, da iniciativa e visão deste profético senhor, nasceu a cidade de Bom Jesus, que recebeu este nome em homenagem ao senhor Bom Jesus da Boa Sentença, que hoje representa um eixo em torno do qual gira a economia agrícola de todo sudoeste piauiense. Dizem os historiadores que Nicolau Barreiros (ou Barrente) era de família humilde, até mesmo descendente direto de Escravo africanos, fato que sem dúvida demonstra a dignidade desse digno fundador de Bom Jesus.

No final do século XX, no ano de 1996 tem início o desbravamento do cerrado da Serra do Quilombo para produção de soja. Em 2005, a Serra do Quilombo tornou-se o maior centro de produção de soja do sudoeste piauiense, contribuindo fundamentalmente para o desenvolvimento do município nos setores de comércio, indústria e serviços.

CAPÍTULO II

A IMPORTÂNCIA DOS BISPOS NO DESENVOLVIMENTO DA CIDADE

Foto do saudoso bispo Dom José Vázquez Díaz

A educação era uma das grandes preocupações do bispo José que, imediatamente, ordenou a construção de escolas primárias e secundárias em todas as paróquias. Pois ele tinha a convicção de que essa era a melhor forma de se aproximar e conquistar os fiéis. E assim, ele fundou ginásios em Gilbués, Curimatá, Monte Alegre, Parnaguá e Bom Jesus. Instalou o segundo grau em Corrente, a Escola de Comércio em Curimatá. Criou a Escola Normal Helvídio Nunes de Barros (ENHNB) em Bom Jesus, fundada em 1970 para a formação de professores, onde ele foi diretor e também professor.

No ano de 1979 a prelazia mantinha, com grande dificuldade, uma Escola Normal, uma Escola de Comércio, uma Escola de Artesanato, sete ginásios e várias Escolas Primárias.

A Escola Normal Helvídio Nunes de Barros formou professores até o ano de 2001 quando foi fechada. A história desta instituição foi marcante em Bom Jesus, pois houve um grande avanço e um fortalecimento na região do Alto Médio Gurguéia no âmbito educacional, atendendo todas as demandas das escolas da diocese, das escolas municipais e das estaduais.

No Relatório enviado a Santa Sé em 1985, o bispo relatava: "Na minha opinião, toda paróquia deveria ter sua escola primária, e, se possível, também colégio secundário".

Construiu 10 casas populares na Vila das Mercês e diversas oficinas de mecânica, sapataria, marcenaria e serraria para a formação de mão de obra na região.

O bispo fazia uso da sua influência religiosa e política para reivindicar obras para o extremo sul do Piauí dentre elas a construção do Hospital de Bom Jesus, e graças a sua a intervenção, junto ao Governador Alberto Tavares Silva, fez com que a atual BR-135 pudesse passar por dentro da cidade de Bom Jesus, pois de acordo com o projeto original a estrada passaria pelos arredores da cidade. Requeria obras para o sul do Piauí dentre elas sistemas de abastecimento de água, energia dentre outras. O então Governador Alberto Silva mantinha uma amizade e aproximação com o Dom José e sempre que vinha a Bom Jesus se hospedava na casa do bispo.

Dom José pertenceu a uma geração gloriosa da igreja. Ele foi o primeiro bispo a morar em Bom Jesus e já vinha com uma grande missão e responsabilidade, pois iria suceder. Dom Inocêncio López Santamaria, que por ter desempenhado um belo trabalho era idolatrado como santo, no sertão piauiense. Esses dois bispos dedicaram suas vidas a serviço de Cristo. Sem vaidades pessoais eram desprovidos de interesses e de qualquer tipo de conforto material.

Dom José vivia de forma simples, humilde, o doutor de Salamanca transitava no meio de todos e, especialmente, dos pobres a quem dedicava a sua atenção e seus projetos sociais de distribuição de roupas, mantimentos, materiais de construção. Ele ainda incentivava a plantação de árvores frutíferas nos quintais e localidades rurais das paróquias.

As marcas de Dom José encravadas no sul do Piauí foram a educação, o trabalho social abrangente e a humildade de um mercedário espanhol, porém de coração piauiense e bonjesuense.

Em setembro de 1964 teve início a reforma da primeira casa do bispo, localizada na Avenida Getúlio Vargas. Os responsáveis pela obra foram o Sr. Manolo e o Sr. Francisco Gonçalves da Silva (mestre Salim).

Foto de frente da primeira casa do bispo e dos padres, localizada na Avenida Getúlio Vargas.

E em maio de 1966 deu início a mais uma obra, o seminário da Prelazia de Bom Jesus (atual JEMB).

Foto da construção do Seminário da Prelazia de Bom Jesus

Foto da construção do Seminário da Prelazia de Bom Jesus

Em 1967 foram construídas oficinas, uma metalúrgica e uma sapataria destinadas ao aprendizado dos futuros profissionais, uma das preocupações desse saudoso bispo. (atualmente são salas de aula do ensino fundamental).

Foto das oficinas em 1967 para preparar mão de obra (Dom José, Ramón Losada e Turene)

Foto da oficina de marcenaria e serraria

Entre 1968 e 1969 foram construídas 10 (dez) casas populares, formando uma pequena vila, e por isso ficou conhecida, até hoje, como Vila das Mercês.

Foto do conjunto de 10 casas feitas por Dom José (Vila das Mercês)

Foto casas populares Vila das Mercês

Foto da entrega de casas populares por Dom José para os moradores da Vila das Mercês em 1969

Em setembro de 1969 foi construída a casa paroquial da cidade de Parnaguá e a administração da obra ficou a cargo de Dom José e do padre Plácido Casanova Sánchez.

Em 1971, Dom Abel Alonso Núñez, sagrado Bispo no Rio de Janeiro, foi nomeado bispo auxiliar para ajudar Dom José nos trabalhos pastorais.

Em 13 de junho de 1972 teve início, a um dos maiores e mais marcantes legados de Dom José, a construção da catedral Nossa Senhora das Mercês de Bom Jesus. A obra era da responsabilidade de Dom José e Dom Abel Alonso Núñez, e contou com a experiência do engenheiro português Joaquim de Almeida, dos carpinteiros bonjesuenses Luís Francisco da Silva (Luís Cevero), Antônio do Rêgo Lacerda e Roberval, e na função de armadores,

José Luiz, José Barbosa, Agenor e Alfredo Ricardo.

A obra da catedral foi construída toda manualmente, sem nenhum tipo de instrumento que não fosse braçal. Por ser tão rústica durou 5 anos de muito trabalho árduo.

Foto Dom José com crianças na construção da Catedral de Bom Jesus PI

A inauguração da Catedral Nossa Senhora das Mercês, um dos momentos mais importante para população bonjesuense, ocorreu no dia 24 de setembro de 1977, com a celebração da missa, momento em que se deu início à abertura das festas religiosas da padroeira Nossa Senhora das Mercês. A missa foi celebrada, com muita satisfação, por Dom José.

Foto da Catedral de Bom Jesus PI em 1977

O Centro Pastoral São Pedro Nolasco foi outra obra edificada por Dom José. A construção deste Centro, espaço muito importante para os bonjesuenses, teve o início em 27 de setembro de 1977 e o engenheiro português Joaquim de Almeida junto com o mestre de obra Francisco Gonçalves da Silva (mestre Salim) foram os responsáveis por esta grande obra.

O Centro Pastoral São Pedro Nolasco foi uma obra muito bem planejada por Dom José, e pensando em sua viabilidade foi dividido em 4 (quatro) blocos, três desses blocos foram construídos com dois pavimentos. No primeiro bloco funcionava, no térreo, um restaurante e no primeiro andar ficavam as salas de aula. Este prédio ficava localizado na Avenida Josué Parente. No segundo funcionava de um salão de recepção no térreo e uma casa residencial no primeiro andar, este, com localização na BR 135. Já o terceiro bloco era composto de 24 apartamentos no térreo e 125 apartamentos no primeiro andar, e fica localizado na BR 135. Como na cidade não havia hotel, este local era utilizado para recepcionar as grandes autoridades da igreja e do cenário político que vinha a Bom Jesus prestigiar os grandes eventos da igreja. Hoje, neste espaço funciona um hotel. E como naquela época a igreja realizava muitos eventos, foi construído o quarto bloco com essa finalidade, o mesmo ficava localizado na Avenida Josué Parente.

Em 1978, por proposição do deputado estadual Antônio de Almendra Freitas Neto, Dom José recebeu o título, mais que merecido, de cidadão piauiense na Assembleia Legislativa do Estado do Piauí.

Com o passar do tempo, a igreja foi se desenvolvendo e Dom José solicita a Roma que a Prelazia de Bom Jesus fosse elevada à categoria de Diocese em 3 de outubro de 1981 é criada a Diocese de Bom Jesus do Gurguéia (Dioecesis Boni

Iesu a Gurgueia), que já contava com dez paróquias todas providas de Vigário.

Em 10 de maio de 1982, iniciou-se a construção de uma igreja na cidade de Curimatá, essa importante obra foi concluída em 07 de agosto de 1983 sob a responsabilidade de Dom José e do padre José Batista Figueiredo. O engenheiro responsável foi Joaquim de Almeida e o mestre da obra foi Francisco Gonçalves da Silva (mestre Salim).

Já a construção da igreja de Gilbués só teve início em 17 de agosto de 1983 e sua conclusão foi em 24 de julho de 1984, na ocasião foi celebrada uma missa por Dom José, padres Rafael Díaz Raserón Romero, José Adairton de Jesus Coelho e Raimundo Dias Negreiros.

Dom José era um homem que valorizava muito a educação, ele acreditava que entre todos os meios de educação, a escola tem uma importância particular, em virtude de sua missão, uma vez que cultiva cuidadosamente as faculdades intelectuais, desenvolve a capacidade de julgar corretamente, introduz no conhecimento do patrimônio cultural, conquistado pelas gerações passadas, promove o sentido dos valores, prepara para a vida profissional, fomenta as relações de amizade entre alunos, contribuindo para a mútua compreensão. E foi acreditando nesse bem maior que ele muito contribuiu para transformar cidadãos através da educação.

Para ele, as escolas buscam os fins culturais e a formação humano-cristã da criança e do jovem. O trabalho educativo tem como ponto característico organizar toda a cultura humana conforme a mensagem da salvação, de modo que esta seja iluminada pela fé e pelo conhecimento que os alunos vão adquirindo do mundo, da vida e do homem.

A educação que os colégios propiciam é uma educação que conduz os alunos rumo à verdadeira liberdade que se conquista quando a pessoa, como um todo, for transformada radicalmente pelos saberes intelectuais e pelos valores do Evangelho. A meta é formar homens e mulheres novos, capazes de tomar nas próprias mãos a marcha da história, do mundo e da Igreja.

Em 29 de maio de 1998 veio a falecer, acometido de insuficiência respiratória. E assim, cumpriu a sua passagem aqui na terra. E hoje, o seu corpo se encontra enterrado na Capela dos Bispos na Catedral de Bom Jesus, pois esse era o seu último desejo.

Ao chegar a Bom Jesus, Dom José recebeu as últimas homenagens e o reconhecimento do povo bonjesuense a esse grande homem que com coragem e determinação transformou este lugar.

Foto do saudoso bispo Dom Ramón López Carrozas

Ramón López Carrozas foi o único bispo até hoje com origem da cidade de Sarria, Espanha, entrou para o convento das Mercês com apenas 11 anos, embora com oito anos ele tenha dito: "Eu queria ser um bispo". No mosteiro de Sarria, ele celebrou sua primeira missa como sacerdote em 1960 e, sete anos depois, mudou-se para o Brasil. Seu destino era o Piauí, um estado nordestino no qual os padres mercedários têm uma missão desde a década de 1920.

Em 1979, ele foi um dos primeiros bispos ordenados pelo Papa João Paulo II durante um ato na Basílica de São Pedro. Ele serviu como bispo de Bom Jesus do Gurguéia entre 1989 e 2014, embora os dez anos anteriores tenha sido como bispo auxiliar. Em 2014, ele renunciou por razões de idade, embora ele continuasse como bispo emérito.

Apesar de estar a milhares de quilômetros de sua terra natal, Ramón López Carrozas, quinto bispo da diocese de Bom Jesus do Gurguéia, retornou a ela de férias.

Naquele mesmo ano, a assembleia local da Cruz Vermelha de Sarria prestou uma homenagem a ele para reconhecer "o importante trabalho social e humanitário" que ele desenvolveu no Piauí. Cerca de 350 pessoas acompanharam o bispo naquele tributo.

Obras que estiveram na responsabilidade de Dom Ramón como bispo auxiliar de Dom José Vázquez Díaz, dentre elas podemos destacar o acabamento geral das obras do Centro Diocesano São Pedro Nolasco iniciado em maio de 1987, construção de um grupo escolar na cidade de Avelino Lopes tendo iniciado em 08 de janeiro de 1988 e a capela no Povoado Cruz, município de Avelino Lopes iniciada em 26 de maio de 1988.

Obras de Dom Ramón como bispo titular da Diocese de Bom Jesus, igreja na cidade de Santa Luz tendo o início em 16 de março de 1989 com a ajuda dos padres Fernando Cascón Raposo e Simão Alves Bezerra Neto. Construção da residência das freiras, reforma da igreja matriz e a construção de uma capela no Bairro X na cidade de Parnaguá. Construção de uma capela no Povoado Cajazeiras, município de Santa Luz com início em agosto de 1991 com a administração do padre Fernando Cascón Raposo. Construção da casa paroquial na cidade de Santa Filomena com início em agosto de 1991 com a administração do padre Fernando Cascón Raposo, restauração da igreja matriz de Santa Filomena tendo o início em 20 de setembro de 1993 com a administração do Padre José Dutra Baião. Construção de uma capela no Povoado Matas com início em 20 de janeiro de 1994 com a administração do Padre José Dutra Baião. Construção da casa paroquial da cidade de Cristino Castro com início em 18 de abril de 1995 com a administração do padre Isaias. Construção da casa paroquial da cidade de Riacho Frio com início em 12 de junho de 2004.

Em 2013, a catedral passou por uma reforma muito importante, pois além mantê-la preservada, deixou-a ainda mais bonita. Essa reforma foi uma iniciativa do deputado estadual Fábio Núñez Novo, que encomendou e doou o mármore bede bahia para que toda a fachada da igreja fosse revestida. Todo projeto e a obra foram acompanhados pelo arquiteto brasiliense Alex Ricardo de Freitas Rosa. E depois de 65 dias de intenso trabalho, a nova fachada foi inaugurada com imensa satisfação, no dia 30 de setembro, pelo saudoso bispo Dom Ramón López Carrozas junto com os fiéis.

Cerca de duas mil pessoas foram prestigiar esse momento. A nova fachada da Catedral de Nossa Senhora das Mercês que recebeu, também, uma iluminação especial led. O evento contou com a apresentação da Orquestra Sinfônica de Teresina, do humorista João Cláudio Moreno e a cantata Gonzaguiana.

O público presente se emocionou com o show, especialmente quando a soprano Fátima Brasil soltou a voz ao cantar Asa Branca em homenagem ao centenário de Luiz Gonzaga.

Foto da fachada da Catedral Nossa Senhora das Mercês uma iniciativa do deputado estadual Fábio Núñez Novo, que encomendou e doou o mármore bede bahia para que toda a fachada da igreja fosse revestida. Todo projeto e a obra foram acompanhados pelo arquiteto brasiliense Alex Ricardo de Freitas Rosa

Dom Ramón López Carrozas, bispo emérito de Bom Jesus faleceu na manhã de sábado, 28 de abril de 2018, no Hospital de Urgência de Teresina Prof. Zenon Rocha, aos 80 anos. O sacerdote teve o óbito confirmado por falência múltipla dos órgãos.

CAPÍTULO III

O CRESCIMENTO DE BOM JESUS PI

Foto vista área da zona urbana da cidade de Bom Jesus PI

Região considerada a grande fronteira agrícola nacional da atualidade, o MATOPIBA compreende o bioma Cerrado dos estados do Maranhão, Tocantins, Piauí e Bahia e responde por grande parte da produção brasileira de grãos e fibras.

A expressão MATOPIBA resulta de um acrônimo criado com as iniciais dos estados do Maranhão, Tocantins, Piauí e Bahia. Essa expressão designa uma realidade geográfica caracterizada pela expansão de uma nova fronteira agrícola no Brasil baseada em tecnologias modernas de alta produtividade.

O bioma Cerrado predomina na região do MATOPIBA (91% da área), marcado pela ocorrência de pequenas áreas do bioma Amazônia e Caatinga a nordeste e a leste, respectivamente.

O Município de Bom Jesus ocupa a sexta posição no ranking dos maiores PIBs do Piauí segundo o IBGE dados de 2019.

Bom Jesus é uma cidade rica em águas subterrâneas, a água dos poços é oriunda da Bacia Sedimentar do Rio Parnaíba, que é a terceira maior reserva de água subterrânea do Brasil. A água é um recurso natural existente no mundo, sem a qual não existiria vida alguma. O Brasil tem 12% das reservas de água do Planeta, mas desperdiça 30% desse total.

Segundo a Lei das Águas (Lei Nº 9433/97) a Política Nacional de Recursos Hídricos e o Sistema Nacional de

Gerenciamento de Recursos Hídricos –

SINGRE relata que a água é considerada

um bem público, sendo que é um recurso

natural e limitado, de valor econômico.

Quando se trata de situações de

escassez, os seres humanos são

prioritários para utilizarem no consumo e

os animais para dessedentação (MMA,

2007). Em nível de Piauí, a Lei Nº 5.165,

de 17/08/2000 instituiu o sistema estadual

de gerenciamento de recursos hídricos, a

qual se baseia na mesma fundamentação

da Lei 9433/97 conservando as águas

subterrâneas sob domínio dos estados,

para que estes possam gerir esses

recursos hídricos de forma integrada e

descentralizada, de acordo com suas condições socioambientais (SEMAR, 2014).

O Piauí é um estado privilegiado em águas subterrâneas e na maioria das regiões, os poços "jorram" sem necessidade de bombas. Dessa forma, a facilidade de perfuração e abundância hídrica, tornou-se a utilização desse recurso completamente irracional. E essas águas subterrâneas, ao contrário do que muitos imaginam, são recursos finitos (TEIXEIRA, 2002). Dessa forma, a função ambiental das áreas de preservação permanente de preservar os recursos hídricos, a paisagem, a estabilidade geológica, a biodiversidade, o fluxo gênico de fauna e flora, proteger o solo e assegurar o bem estar das populações humanas, resolve: Art. 1º Constitui objeto da presente Resolução o estabelecimento de parâmetros, definições e limites para as Áreas de Preservação Permanente de reservatório artificial e a instituição da elaboração obrigatória de plano ambiental de conservação e uso do seu entorno (CARVALHO, 2002).

A Bacia sedimentar do Parnaíba representa a principal fonte se abastecimento de água subterrânea das populações dos estados do Piauí e

Maranhão, em especial nas regiões do interior de clima semiárido em que os rios são praticamente todos intermitentes. No Maranhão, mais de 70% das cidades usam água de poços, e no estado do Piauí este percentual supera 80% (ZOBY; MATOS, 2002).

Hoje, metade da população mundial (mais de 3 bilhões de pessoas) enfrenta problemas de abastecimento de água. Muitas fontes de água doce estão poluídas ou, simplesmente, secaram.

Se tratando de água, o Planeta Terra tem em grande quantidade, pois possui cerca de 97,5% de água salgada presentes nos mares e oceanos, mas dessa grande quantidade, somente 2,5%

são água doce presentes nas geleiras,

nos rios e lagos e, apenas 1% de água,

está disponível para consumo humano.

Segunda Parte

EDUCAÇÃO, CULTURA E TURISMO

CAPÍTULO I

EDUCAÇÃO

Foto Campus Professora "Cinobelina Elvas" UFPI em Bom Jesus PI

A cidade de Bom Jesus tem o título de cidade com mais doutores por habitante de todo o Brasil. A maior concentração deles está no campus da Universidade Federal do Piauí. O fortalecimento das pesquisas na área agrícola conta com uma parceria que vem dado certo na região: a união de professores e alunos com os produtores rurais. Os primeiros entram com o conhecimento, enquanto os produtores cedem a terra para o desenvolvimento das pesquisas, bem como servem de objeto para análises e outros procedimentos. Um terceiro segmento também tem contribuído para a execução desses trabalhos: as empresas privadas, que em muitos casos participam com o financiamento das pesquisas e doação de equipamentos.

Foto Campus "Dom José Vázquez Díaz" UESPI em Bom Jesus PI

Por iniciativa do então vereador de Bom Jesus, Fábio Núñez Novo o mercado público da cidade foi doado para abrigar o Campus da UESPI "Dom José Vázquez Díaz" de Bom Jesus. O novo Campus foi inaugurado em 17 de fevereiro de 2000, na ocasião esteve presente o Reitor Jônathas de Barros Nunes, Governador Mão Santa, políticos locais, comunidade bonjesuense e da região em uma justa e merecida homenagem ao maior educador que Bom

Jesus teve em todos os tempos.

CAPÍTULO II

CULTURA

Foto Festival de Rabecas em Bom Jesus PI

Realizado em Bom Jesus, o evento mantem a tradição da rabeca e proporciona o encontro entre diferentes gerações de músicos que tocam o instrumento. É também em Bom Jesus que está a primeira orquestra de rabecas do Brasil, formada por jovens da rede pública. Na programação também está a realização de oficinas e de shows musicais, tudo aberto ao público.

A *rabeca* ou *rebeca* é um instrumento musical de cordas friccionadas, aparentado ao violino, e geralmente encarado como uma espécie de versão mais rústica ou primitiva deste último. Apesar da evidente semelhança entre os dois, a rabeca pode ser considerada como um instrumento com identidade própria, uma vez que se distingue do violino em muitos aspectos, principalmente na construção e no modo de tocar.

Ao contrário do violino, a rabeca não possui um padrão universal de construção, apresentando muitas variações no tamanho, formato, número de cordas, afinações utilizadas e materiais empregados em sua confecção. As características de cada instrumento obedecem às tradições regionais e à criatividade e aos meios de que dispõe o fazedor de rabecas, que é na maior parte das vezes um artesão com poucos recursos materiais. Quanto à maneira de tocar, o violino é normalmente posicionado sob o queixo do músico; a rabeca, embora também possa ser tocada nesta posição, é mais frequentemente apoiada sobre o peito ou sobre o ombro esquerdo do tocador, à maneira de alguns instrumentos medievais.

Tanto as características do instrumento como de sua execução permitem ao rabequeiro (ou rabequista) uma ampla variedade de timbres e sonoridades, bastante distintos daqueles encontrados no violino. Um exemplo: enquanto o cavalete do violino é curvo, para permitir a fricção de uma corda de cada vez, o cavalete da rabeca é geralmente bem mais plano, o que favorece a fricção de duas ou mais cordas simultaneamente.

Identificar uma origem precisa para a rabeca é uma tarefa complicada. Entre seus ancestrais mais remotos, estão provavelmente os primeiros instrumentos de cordas friccionadas, trazidos pelos árabes para a Europa, como o rabab ou rebab, de origem persa, e o ar'abebah, utilizado pelas tribos berberes da África do Norte. Estes instrumentos em geral traziam apenas uma ou duas cordas e uma caixa de ressonância em formato de pêra, recoberta por um couro. Versões mais sofisticadas destes instrumentos, chamadas de rabé, rabel ou rebec, agora já com tampo de madeira e três cordas afinadas em quintas justas, tornaram-se extremamente populares na baixa Idade Média, disseminando por toda a Europa a técnica e o som das cordas friccionadas.

Com o tempo, estes instrumentos acabaram por se misturar com diversos tipos de violas de cordas pulsadas então em voga na Europa, como a vihuela espanhola. O resultado foi um novo instrumento que combinava a técnica e o som das cordas friccionadas com o formato característico da caixa de ressonância das violas, composta de dois tampos interligados por ilhargas, com um estreitamento central formando uma espécie de cintura. Ao contrário das violas, contudo, este novo instrumento tinha os tampos mais grossos e côncavos, e continuava a ser afinado em quintas. É com estas características que encontramos as primeiras referências ao instrumento chamado rabeca.

Uma variante menor deste instrumento, tocada sob o queixo e modificada por gerações sucessivas de meticulosos artesãos até alcançar um formato padronizado, resultaria no violino e nos outros instrumentos de sua família, que mais tarde se tornariam dominantes em toda a Europa. Com a popularização do violino, a rabeca tornou-se praticamente obsoleta no continente europeu, permanecendo apenas em algumas poucas regiões, principalmente áreas rurais e montanhosas. É o caso da rabeca chuleira portuguesa, do rabel dos pastores castelhanos e da rabeca presente em alguns pontos da cordilheira italiana.

É provável que a rabeca, sendo um instrumento popular na península ibérica à época do descobrimento do Brasil, tenha chegado ao país já nos primórdios da colonização portuguesa. Existem algumas referências bem antigas ao uso do instrumento em festas populares, como as realizadas na Bahia, em 1760, para comemorar o casamento da

Princesa do Brasil (a futura rainha Maria I), com seu tio D. Pedro (mais tarde D. Pedro II): *"No dia onze fizeram os sapateiros e corrieiros a sua demonstração em uma dança de ricas e vistosas farsas, que em nada cedia à dos alfaiates, e discorreram pelas ruas ao som de várias rabecas destramente tocadas."*

Em suas diversas variantes, a rabeca pode ser encontrada em praticamente todo o Brasil: nos fandangos paranaenses, nas folias de Reis de Minas Gerais, nos bois de reis e cavalos-marinhos da zona da mata nordestina, na música caiçara do litoral paulista, nos reisados e danças de São Gonçalo em todo o nordeste, em comunidades de índios Guaranis em São Paulo e no Rio Grande do Sul, na marujada do litoral paraense e em muitas outras regiões. Em cada um desses lugares, possui características e repertório próprio, tendo sempre como denominador comum sua integração aos folguedos e festas populares.

Instrumento musical da família das cordas, a rabeca é precursora do violino, mas diferente do instrumento erudito nasceu nos terreiros e se consagrou com a cultura popular. Em Bom Jesus, o instrumento encontrou mãos e talento de sobra para celebrar a música e as manifestações culturais do sul do Piauí.

Com o intuito de preservar e disseminar a tradição desse instrumento, muitas vezes discriminado, que nasceu, em 2008, o Festival de Rabecas de Bom Jesus. A iniciativa teve como principal inspiração o mestre rabequeiro Joaquim Carlota, filho da cidade, que toca desde os 12 anos o instrumento que aprendeu sozinho.

"Nosso objetivo desde o início foi de preservar essa tradição tão antiga da rabeca e repassar esse conhecimento às novas gerações. Além disso, o festival leva oficinas de grafite, dança, bonecos e várias outras do circuito cultura viva", conta o deputado e ex-secretário estadual de Cultura, Fábio Novo.

O evento tomou grandes proporções e se expandiu para outras artes, possibilitando o acesso gratuito de crianças e jovens do município a oficinas de dança, teatro e outros instrumentos musicais.

A versão do SALIPI se espalhou pelo interior do estado, onde versões regionais do evento nos municípios de Picos, Bom Jesus e Valença.

Foto SALIBOM

Foi grande o número de visitantes que compareceu ao campus da UFPI em Bom Jesus para prestigiar o primeiro dia do SALIBOM, surpreendendo até a própria organização do Salão. Ao se dirigir ao público, o Pró-Reitor de Extensão declarou o apoio da Universidade na realização do Salão do Livro não só em Teresina e em Bom Jesus, mas também em todos os campi.

"Nós apoiamos não só a difusão do hábito da leitura, com eventos como esse que abrem janelas do saber e da busca pelo conhecimento em milhares de pessoas; mas também a UFPI apoia a publicação de livros e a descoberta de novos autores com a EDUFPI, que comemora mais de quinhentos livros lançados", afirmou o Pró-Reitor, estendendo a todos o convite para visitarem o stand da EDUFPI, que trouxe os lançamentos mais recentes para apresentar à região.

O diretor do Campus da UFPI de Bom Jesus, Stélio Bezerra, disse estar lisonjeado ao sediar o SALIBOM no campus, com envolvimento de servidores, estudantes e da comunidade em geral do município num processo de semear o conhecimento por meio da leitura.

"Muito nos honra fazer parte do primeiro Salão do Livro de Bom Jesus, nesse momento tão especial para a UFPI de Bom Jesus, em que o campus Professora Cinobelina Elvas comemora dez anos. Estamos dando início à consolidação de um trabalho que envolve dedicação e renúncia por amor ao conhecimento, à pesquisa e ao desenvolvimento de uma região. Queremos compartilhar esse sentimento de realização com cada um que passar pelo SALIBOM e sabemos que entre essas crianças e jovens estão os futuros atores que darão continuidade ao trabalho iniciado por nós", agradecendo a presença de todos e desejando uma boa leitura desse evento.

Crianças de escolas das redes municipal e estadual de Bom Jesus vão ter um motivo a mais para frequentar o SALIBOM. Ao todo, três mil e setecentas delas vão receber o cheque-livro no valor de dez reais para adquirir obras durante o

Salão. A ação faz parte de um projeto de incentivo a novos leitores da Secretaria Estadual de Educação.

O tradicional espetáculo da Paixão de Cristo, na cidade de Bom Jesus, emociona o público que se desloca até o teatro natural no Salão da Serra para assistir à apresentação a céu aberto.

Foto Encenação da Paixão de Cristo

CAPÍTULO III

TURISMO

Foto Cânions do Viana

Os cânions do Viana ficam a 29 km da área urbana de Bom Jesus. Assim que se chega neles, você percorre 21 km de cânions, deslumbrando toda a paisagem que surge. Logo depois são mais 27 km, também por entre cânions, até chegar na entrada onde fica a chamada gruta do

Viana. Os cânions impressionam por sua beleza e grandiosidade. A cidade de Bom Jesus tem várias belezas ainda pouco exploradas.

O Riacho do Corrente dos Matões um manancial que gera vida com uma biodiversidade que encanta a todos. Águas cristalinas e um ecossistema integrado, percorre dezenas de quilômetros até desaguar e abastecer o Rio Gurguéia.

Foto Riacho do Corrente dos Matões

Foto Serra de Bom Jesus PI